바람을 물고

바람을 물고

박선해 제2시조집

세종출판사

• 여는 시조 •

언젠가는

기다림 알까 하니 가슴이 숨 막히고
빈 하늘 우러보며 소리쳐 눈물 내네
타들어 설운 그 넋을 꽃잎에 누일까

애태움 알까 하니 쓰라림 견디어도
아스라이 흩날리던 추억만 되살아서
멍들지 않게 하려고 그 눈물 삼키네

예정도 시한도 뒷날을 약속하니
지나간 이야기들 언젠가 재회할
머나먼 시간 저편은 그날을 기다려

누군가 반기면서 웃음꽃 피워두고
또 다른 이 보내며 울음을 감추어
희열과 슬픔 한데 섞어 찻잔에 붓는다

성숙한 공기 속에 어제를 안고서
오늘도 축복하며 지난 꿈 떠올라
끝없이 이어왔었던 그 날들만 사무쳐

꿈꾸던 강물 위 향기를 띄워두고
꽃잎을 흘리면서 웃음을 퍼내니
해 지고 돌아오는 밤 하 세월 애달픈

검은 밤 걷더라도 한줄기 빛 믿고
짓누른 시련에 고운 꿈 잃지 않네
새벽빛 새어올 때는 온 누리 퍼지라

희망가 불렀었던 그 옛날 그려보며
오늘도 힘찬 다짐 내일은 있으리라
도심의 달빛 밤길은 내일 뜰 태양되네.

여러분
동행 길에
겸허히 숙여
감사드립니다.

차례

● **여는 시조** | 언젠가는 ·········· 4

제1부 동경

포구 ·········· 13
새들의 말 ·········· 14
아침 인생 체조 ·········· 15
도시의 소나기 ·········· 16
아주까리 ·········· 17
채마밭의 이력서 ·········· 18
달력의 아우성 ·········· 19
여름날의 풍경 ·········· 20
범어사 계곡 ·········· 21
도시의 소나기 2 ·········· 22
혀를 베는 태양 ·········· 23
생태 환경 ·········· 24
죽성 성당, 꿈의 무대 ·········· 25
봄깃을 세우다 ·········· 26
불꽃이 남긴 닻별름 ·········· 27
녹색 의자 위의 기타 ·········· 28
갓 바위 기원 ·········· 29
한줄기 빛을 따라 ·········· 30
바구니에 깃들어 ·········· 31
장미 공원에서, 나도 피어난다 ·········· 32

제2부 고요

세금 고지서 …………………………… 35
희망 주유소 …………………………… 36
개와 노을 ……………………………… 37
다듬이 소리 …………………………… 38
돌담을 타는 기도 ……………………… 39
폐가 …………………………………… 40
잠의 무게 ……………………………… 41
고양이의 생각 ………………………… 42
묵언의 집 ……………………………… 43
주인 없는 사유 ………………………… 44
개의 희망에 대하여 …………………… 45
노송 …………………………………… 46
매미 …………………………………… 47
오늘의 고요, 연꽃 ……………………… 48
뜬금 …………………………………… 49
폐가 2 ………………………………… 50
만다라꽃 ……………………………… 51
아주까리 2 …………………………… 52
갈대 …………………………………… 53
비는 내려도 무지개꽃 ………………… 54

제3부 세월

가야의 별이 되어 ·················· 57
홍도야, 우지 마라 ·················· 58
봉황의 꿈 ·················· 59
남명조식 ·················· 60
석정가石亭家, 죽전竹소의 적요寂寥 ·················· 61
가야 아리랑 ·················· 62
마타리꽃 연정 ·················· 63
황세와 여의 ·················· 64
닻별로 그리는 시가 영화를 만날 때 ·················· 65
김해 백두산 ·················· 66
구지봉 세레나데 ·················· 67
구지 구지가 ·················· 68
화포천 철새 ·················· 69
활천동 도심 속 오솔길 시화전 ·················· 70
왕비 용녀의 눈물 ·················· 71
구지 구지가 2 ·················· 72
일출, 그 행복의 시작 ·················· 73
허공의 철새 ·················· 74
김해 사충신 ·················· 75
홍의장군 곽재우 ·················· 76

제4부 음률

난이 넌이 ·· 79
탱자 ·· 80
뭉클 ·· 81
탁사발 ··· 82
달을 품은 연정 ·· 83
꼬바리 사랑 ·· 84
가수 김승진 ·· 85
눈물, 그 사랑 ·· 86
가야정원 ·· 87
서상천, 시화실詩畵室 ······························· 88
탱자 2 ·· 89
박덕은 미술관 ··· 90
사랑의 날개, 그 희망 ······························· 91
해선이와 섬섬이 ····································· 92
겨울의 속삭임 ··· 93
들꽃 ··· 94
도화桃花야 ··· 95
왕릉길 시화 산책 ···································· 96
설화雪花의 말 ··· 97
도토리야 ·· 98

- **서평** | 박덕은
  박선해 시인의 시조집 출간을 축하하며... ·········· 99
- **맺음 시조** | 열정들 ······································ 118

제 1 부
동경

꿈꾸던
첫 울림에
마음하나가
산책을 나선다.

포구

물안개 깃드는 새벽 포구 고요하다
고깃배 하나 둘 그물감아 나서면
갈매기
하얀 날갯짓
파도 소리 파묻힌다

소금기 실린 바람 포구를 스쳐가고
먼 수평선 여명의 빛 바다를 적신다
떠나는
뱃사람들은
엄니 눈물 닮았다.

새들의 말

전깃줄 높이 앉아 몸짓으로 말하니
지워진 문장처럼 흔들흔들 이는 뜻
바람도 번역 못하고 단 흘러갈
뿐
이
라

날갯짓 소리마다 침묵을 품은데
사람은 스쳐듣고 깊은 뜻 지나네
그렇게 항시 말하되 들을이는
드
물
다.

아침 인생 체조

앞발은 허공 들고 두 발로 사뿐 서서
햇살 품은 혀끝에 기운 따라 솟는다
살랑인 봄바람 곁에
견공마저 춤춘다

주인 보아 몸 펴니 기지개 한들한들
하루 시작 이보다 가볍기가 있으랴
아침 속 밝게 웃으며
인생 또한 깃을 펴네.

도시의 소나기

낡디낡은 전깃줄에 빗줄기 타 내리고
횡단보도 흠뻑 젖어 불빛을 비추누나
뒷걸음
치는 바람에
우산 밀고 가는 행인

차창에 흐른 비는 꿈결처럼 모이고
식은 커피 입술 닿다 식은 맘 버티네
가슴을
적시는 빗결
소리 없이 지나쳐도.

아주까리

초록 잎 둥글 넓게 하늘 아래 우뚝 서니
여름 볕 쏟아지는 들판 끝에 깊이 섰다
속으론 독 품었어도 겉으론 참 곱구나

붉은 실 열매 속에 조용히 숨겨둔 뜻
짐짓 순한 듯이도 바람결에 몸 맡겨
그 누가 알았겠는가, 뿌리 깊은 결심을.

채마밭의 이력서

새벽이슬 밟으며 소박히 살은 세월
호미 손에 익어도 흙빛은 못 속인다
봄마다 뿌린 씨앗에
가을마다 거둔 꿈

달빛 기운 밭둑에 푸른 잎 물결 이네
텃밭에 쓴 내 이름 햇살로 읽으시랴
풀꽃과 어깨 맞대고
하루를 살아왔다.

달력의 아우성

남은 줄 붉게 긋고 숨죽인 날들 세니
지난 해 들춰보아 구겨진 밤뿐이네
버린 꿈 고이 접어선 다시 벽에 붙인다

날마다 찢겨 나가 울고 있는 달력아
말 없는 너의 몸엔 사연만 덕지덕지
잊었던 나의 다짐도 거기 함께 울더라.

여름날의 풍경

여름 창에 서성이는 누운 태양 그림자
도시는 차와 사람 어우러져 저물어 가
밤 향기
가득한 잔에
차간 마음 적신다

빛줄기 가슴 찔러 그리움 뚝뚝 샐 때
고독에 멈춘 시계 사라질 날 없도다
꿈속에
얽힌 속내는
계절 따라 되 온다.

범어사 계곡

산새들 지저귐
한 소절 설법 안고
이끼는 굴곡진 층계에도 꽃을 내네
거름을 쟁여 미어 묻은
고진감래 이끼꽃

참 자아를 깨닫는가
중생의 마음 듣나
연연이 흘러 이은 내안의 빛 밝혀내고
둥그런 함지박 미소
석가모니 관세음

범어사 물소리는
귀속에 첨벙하고
속세의 막힌 뜻 헤이는 수행 좌정
법열이 심산계곡에
줄지어 선 범어사.

도시의 소나기 2

회색빛 골목 위로
번개가 등을 친다

택시 불빛 흔들려
우산도 접지 못해

비명이 잠시 멈춰선 하루 속에 젖는다

간판 밑 청춘들은
비 맞으며 걸어간다

젖은 꿈을 안고서도
웃음은 흐려지네

소나기 지난 뒤에도 늘 이 거린 젖어라.

혀를 베는 태양

붉은 빛 혀끝을 베어내는 상처 소리
씨앗들 불씨야 햇살 상처 매운 눈물
주름진 손 안에서는
우주를 발화한다

한 알 고추 여름 눕고 붉은 살 고인 태양
땀방울로 익은 삶은 주름진 햇살 담고
조그만 불꽃이 되어
혀끝에 피어난다.

생태 환경

숲을 가른 쇳소리에 나무 숨을 죽이니

흙은 말라 돌이 되고 짐승들 터를 잃고

흐르던 강물 잠들어 또한 눈을 감는다

햇살 따라 바람 따라 풀잎이 속삭인다

사람 또한 자연이라 함께 살아 가야한다

지켜낸 이 푸르름은 우리 삶의 거울이네.

죽성 성당, 꿈의 무대

영화의 숨 흐르는 바위 위 하얀 포말
액자 속에 담긴 바다 꿈꾸는 발자취
기장의 하늘 아래 선
한 폭 그림 우리들

물결 따라 속삭이는 붉은 지붕 파도 곁에
깊은 밤 그림자 속 꿈이 눈을 뜨는 곳에
시간을 걷는 이들이
영화처럼 서 있고

하얀 포말 춤추고 테트라포드 머문 바다
바람 속에 꿈 노래 성당 종탑 넘은 줄기
하늘을 품은 기장에
그림 하나 되었다.

봄깃을 세우다

정감 찬 새들이 목청껏 깃 세우고
매화는 봄 깨우며 무명초 부르네
빈 터를 메우기 시작한 새 아침 찬란할

오후로 천도되는 동녘의 무지갯빛
세간에 자유들이 고백 속 존재하며
평온한 일상의 환경 반란 빛을 꾸미고

긴 겨울 고독한 무게를 왕창 담아
정적을 들판에 뿌려낸 대지 율법
천사의 소복한 주조음 피는 봄을 깨닫네.

불꽃이 남긴 닻별름
－다비식

1.
깊숙한 어둠 속 핀 마지막 한 송이
불꽃의 혀 이름을 저 혼자 삼키고
한 줌의 바람 되어선 하늘 속 스며드네.

2.
연기는 구름 안고 먼 곳을 향하고
지워진 온기 기억 손끝이 달아올라
이별의 뜨거운 숨결 가슴에 타오르네.

3.
불꽃은 사라져도 빛은 오래 남아서
흔적 없는 재조차도 누군가에 피어나
명 삼킨 바람 따르며 만날 날을 기다려.

녹색 의자 위의 기타

빈방 창 녹색커튼 의자 위 머문 기타
묵묵한 나무결엔 긴 세월 스며들고
현마다 맺힌 숨결에 밤하늘 흘러간다

칠흑의 고요 속에 마치 꿈을 품은 듯
 손길이 닿던 자리 웃음과 울음 적신
깊은 잠 깬 순간에는 세상을 흔들기를

지금은 비록 쉬나 노랫결 머금은 몸
누군가 다가올 땐 신 새벽을 깨워라
 온 세상 생명의 물결 한 줄의 바람처럼.

갓 바위 기원

산허리 감은 안개 돌부처 눈물 맺힌
젖은 손 모은 여인
아들 이름 부르나
비탈길 삐걱 발자국 기도소리 바람 탄다

무릎 꿇은 시간 속에 돌은 침묵 안고서
천 번 절한 등의 자욱
염불 입술 매달리고
갓 바위 산새 머무른 아침 빛 떠는구나.

한줄기 빛을 따라

날개 돋은 꿈 따라 하늘 끝 상상하니
흩어지는 밥풀 되어
                        바람결에 헤매도다
햇살은 갈고리 되어 가슴속을 비틀었네

조명 없는 초저녁에 어둠이 슬몃 와도
남모르게 밤을 품고
                        마음조차 묵묵하네
작은 빛 한 줄기에도 세상은 또 숨을 쉬네.

바구니에 깃들어

작은 몸 둥글게
접 바구니 속 누이고
눈 감고 묻는 그 속 고요를 더듬다
편안함 그 어디인가 내 안에서 피어나

틈새마다 스미는 숨
고요 또한 고요해
숨 고른다, 저 작은 숨 물결처럼 느린데
말 없어 더 깊은 쉼은 거기 집 되었네.

장미 공원에서, 나도 피어난다
－서울 중랑 공원에서

장미 잎 스치는 바람

장미 잎 쓸고 가는 중랑천 저녁 바람
햇살은 깃털 타고 잊힌 날을 안기네
내 마음 조용히 젖어 한 잎 꽃이 되도다.

그리움이 걷는 길

바람 앞서 달리는 아이들 웃음소리
연인은 셔터 속에 꽃말처럼 숨어들고
나는 야 나의 언어 적어 장미 되어 피고나.

피어나는 나

잊은 이를 향하여 자꾸 걸음 가는 길
그리움 햇살 젖어 바람결에 흔들려
오늘은 이 낮은 곳에 나를 놓아 성원타.

제

2
부

고요

해 뜨는
수평선 위
어부의 어깨
소금 바람 부는.

세금 고지서

수북하니 쌓여가는 세금 내란 고지서
팔 들어 허릴 굽혀 하늘 한숨 올려본다
전시세 꺾인 허리가 일어날 수 있을까

라디오는 웃고 있다 통탄한들 될쏘냐
한낮 소리 실려 퍼진 조그마한 웃음은
뉴스 끝 얼어붙은 내일 쉼 없이 흐른다.

희망 주유소

길어진 행렬 속에 조용히 깜빡이는
초록 불 노란 조명 희망 창문 내리니
저마다
경제 나르는
기름 냄새 머금었네

유리창 닦아주던 젊은 손 등불 같아
동전 통 땡그랑 땡 바람결에 들려 와
밤 깊은
칭찬 주원료
작은 불빛 되었네.

개와 노을

낯익은
골목 따라
개 한 마리 걷는다
저무는 하루 끝에 붉은 빛이 물들고
목줄 끝 묶은 그늘엔
고요 숨결 흐른다

돌아보지
않으며
나란히 걷는 발끝
헤어짐도 이렇듯 따스할 수 있다며
지금도 나는 슬픔을
온기처럼 안는다.

다듬이 소리
―하동 평사리 박경리 기념관에서

달빛 아래 다듬이 방 맺히는 망치 소리
둥둥 탁 어우르듯 이어진 어미 숨결
한 올 실 묻은 하동 땅
세월 따라 물들고

겨울밤 긴 생각 베 끝마다 스며드니
정겨운 손끝은 맘 응어리 활짝 피네
다듬이 울리는 평사리
사랑으로 옷 짓다.

돌담을 타는 기도
　-마산 장수암에서

솔바람 먼저 불어 그윽이 길을 트니

백팔 단 계단 위 맑음이 꽃피었고

돌담에 스며들다가 연꽃 되어 쉬었네

장수산 깊은 절에 고요가 깃든다니

세월 품은 침묵 속 마음 하나 벗겨라

바람이 머무르다가 나 또한 흘러가네.

폐가

스레트 지붕 아래 늙은 이름 하나가
빛의 궤적 허공 중 바람 되어 덮이네
별똥 별 주인 없는 집
담벼락에 툭 툭 툭

담쟁이 초록으로 무명 노인 받치고
눈빛 감정 숨결 펴네 문고리가 닳도록
기다림 매달아 건채
고요에 매미 운다.

잠의 무게

예쁜 옷 입혀 주신
어머니 품 안에 드니

숙면에 든 꿈결 속
세상 시름 멀어지고

노곤한 가슴 속에는 은하수 가깝다

안심이 스며드는
울타리 안 평화 속

내려놓은 이 사랑
무게조차 따스하니

감기는 두 눈 편히 자는 은총 입은 평온함.

고양이의 생각

둥근 등에 달 품고서 작은 숨결 고요하니

감긴 눈은 반쯤 열려 세상 소리 덮히누나

저 평온 선바람 속에 흘러가는 자취로다

바구니 속 둥근 세상 그 안에서 쉼이 나니

의자보다 더 푸근한 나만 아는 자린가요

말없이 머문 자리는 꿈결처럼 포근하다.

묵언의 집

바구니 틈새 사이 고요함 스며들고
고양이 숨결 따라 물결마저 느리네
말없이
저곳에서도
마음은 쉬어가네

말 한마디 흘리지도 않건만 따스하니
정적 속 그 편안함이 집이 되어 머문다
소리를
잊은 채로도
진정한 쉼 있다네.

주인 없는 사유

바구니가 집 되어라 잠자리는 은신처

햇살 깊은 오후 되니 졸음 속에 몸 감추네

눈꺼풀 접힌 말들은 누구의 뜻 인가요

편안함은 무엇인가 누가 알고 정했는가

사는 대로 사는 것이 제일 편한 길일까

하루 끝 주인 없음에 마음만 머무르네.

개의 희망에 대하여

녹슨 그릇 옆에서 달그림자 먼저 와
밥그릇 비우누나, 네 손길엔 온기가
내일도 함께 걷는 길 꼬리를 흔들겠지

이름 없는 하루들이 꼬리 끝 웅크릴 때
부름 하나, 생이로다 비에 젖은 발자국
어제의 말 못할 상처 다시 푸른 풀밭 된다.

노송

하얗게 센 겨울도 할머니 온기였지
하늘로 타오르며 힘들어 축 처진 팔
그림자 매서운 바람 매 맞고도 버티네

물관 속 점령한 살을 엔 온기에
하얀 눈 속삭임이 가지 끝에 누이고
지난 날 청춘의 꽃은 사랑터에 어우르네

명줄처럼 줄기 늘어 부러져 버려도
무겁다 힘겹다 시간 참고 배운 나무
부러진 흔적 옹이 박고 또 천년을 헤아려

피고 지는 한 해의 하늘을 바라보며
그 기억은 황혼을 일구어 가고 있어
백지 위 여백의 바람 울렁거림 흔든다.

*모산 문학상 전국 공모전 전체 대상 수상작

매미

가랑비 풀숲 묻혀 한 발짝 못 펴다가
구덩이 속 묻혀서 날 세며 기다렸네
시간 앞 오지도 않는 날개를 꿈꾸었네

푸른 날 너무 짧아 우는 소리 간절하니
세상 향한 이 아우성 멈추어선 안 되리
흔들어 고목 깨우는 내 마지막 고백이라.

오늘의 고요, 연꽃

1

새벽 물결 닿으면 고운 빛을 세우니
흰 숨결 하늘 번져 잎새의 맑음 된다
고요한 날 품어 안아 오늘을 꽃 피우네.

2

한 점 바람 스쳐 와도 흔들림 잦아들고
내려앉은 햇살 따라 붉은 숨 가지런히
속 깊은 맑은 심연에 넉넉히 길을 여네.

3

모든 소리 그치어라 가만히 곁에 서서
나의 마음 맑히듯이 연못은 깊어지네
오늘의 고요 머금고 영원의 빛을 품네.

뜬금

햇살 창을 톡톡 치며 바람 잎새 건드네
틈새 사이 흘러든 기억 하나 불쑥 솟고
낯익은 생소함에도 마음속에 잠드누나

"왜 지금 날 찾아왔나" 혼잣말 흘러나고
답 없는 미소만이 살며시 머무르네
무어든 뜻밖이어도 어쩌면 삶이라네.

폐가 2

동이 샌 저 시간들에 부처처럼 맺혔나
서까래 무게 속에서 낯선 숨결 잠들고
검정에 머릿결 타고 저 세월 머문 자리

덧없는 그 끝과 끝 가만히 어루만져
지난 생 다 비우고 들판에 빛 누이니
달무리 스미는 자리 다시 숨이 이르네.

만다라꽃

공허한 꿈의 틈에 무의식 스며들고
방심마저 진실 되어 마음속 피어나
꺼지던 허욕조차도 바람 따라 일어나네

하얀 숨 번지는 곳 인적은 드물고
구름은 뭉근한 침묵 꽃을 틔우구나
반나절 꿈결 품으며 조용히 길을 여네.

아주까리 2

1.
유년의 꿈 축담을 디뎠다 여전해라
싸리 담 아주까리 뾰족 잎 내밀 때
키 재던 고모 미소는 마음속에 늘 서있네.

2.
넓은 잎 한소쿠리 따 밥상에 올리고
쫀득한 된장 쌈밥 시절도 아련하네
해 지고 씨앗 맺어서 풍년 들 잠들었지.

3.
가시 돋친 넛두리 사랑의 날들에
시골 빛 하늘마저 포근하게 안겨준
이 삶도 저물어 가도록 하물하물 흐르길.

갈대

눈으로 흐느낌 불어내는 서녘 즈음
낯선 길 무표정한 얼굴들 어딜 가나
회청색 실바람에도
가슴 끝이 시리다

핏발 선 오라기 무엇을 저항한가
저 사윔 발가벗은 마음이 바라네
휘이잉 애타지 말고
휘날려라 전신을

주름진 속마음 꽃이라 부르거늘
나부끼는 바람결 붉은 듯 춘몽이네
육체야 흰 속살 거둬
그 심장을 태워라.

비는 내려도 무지개꽃

창틈 사이 적요 속 갈잎 소리 스미고
열리지 않은 마음 가을비만 부딪히네
그 눈빛 일어 젖어드는 밤조차 잠 잃고

울음마저 고요하고 어둔 길 더듬어도
가슴 깊은 어둠 틈에 밝은 뜻 살아나
꺼지는 등불 아래서도 희망 불 사른다

빗줄기 그치잖아 속웃음 잃지 않으리
무지갠 비가 와야 하늘에 피어오르고
비 또한 무지개 꽃빛 내 날 안아 주었네.

제 3부
세월

씨앗 봄
여름의 잎
가을 가지 끝
하얀 겨울 주름.

가야의 별이 되어
-고대왕국과 가야정신을 기리며

바람 이는 언덕 위 은빛 갑옷 잠드니
칠지도에 새긴 이름 시간을 넘어오고
북소리 물결에 흘러 달빛 왕도 밝구나

돌담길 왕기 어려 흙 속 숨결 꽃 피네
사라질 미래 잇는 손과 발길 지켜가고
잊힌 꿈 김해를 깨워 길을 여는 찬란함

전설 노래 흐르는 가야 별 뜨고 지고
불꽃같은 뜨거운 심장을 깊이 새겨
역사와 사랑을 안고 우리 하나 되리라.

홍도야, 우지 마라

노을 진 저녁 하늘 너 이름 불러보니
부러진 가지 위로 바람이 지나간다
침묵 속 그 찬 눈빛은 슬픔 안고 서는데

물방울 별이 되어 기억에 스며들고
세상에 무너져도 웃음은 밝혀진다
갈대로 흔들리어도 너는 다시 피리라.

봉황의 꿈
－김해 봉황동을 읊다

불탄 숲 재위에 잿빛 나무 서 있고
타다 남긴 냄새는 혀끝에 스며들어
검은 땅 한 알 속에 금빛 맥이 꿈틀 대네

알 속에는 열기로 숨결 번져 퍼지고
피 묻은 깃 펼치니 불씨 하늘 갈라지네
봉황은 살 결 태운 재 날개 삼고 허공 뜬다

죽음은 말이 없고 붉은 심장 담아 안아
더 높이 솟아올라 불길 따라 나아가네
불꽃 속 울음 삼키며 다시 날아오른다.

남명 조식

덕천강 물소리를 지리산 품속에서
관직을 마다하고 깊은 뜻 지켰도다
의義와 경敬 후학들에게 전하였던 정의감

한가을 비 내릴 제 단심으로 서 있었네
천왕봉 우러르며 맑은 달빛 마음 같아
그 이름 남명이시여 영원토록 빛나소서.

석정가石亭家, 죽전竹全의 적요寂寥
-김제 석정 이정직 선생을 기리며

1
저 깊은 씨 간장 만 세상 화평통류和平通流
별석 위 벼린 학문 모시대 심지 섯네,
여뀌풀 석정심心 명리明里 붓 획 점에 돌올한.

2
헤윰이 가라사니 석정가 심로하다
한 억년 대쪽해도 한 시절 수의였소
댓잎은 휘리릭 휘릭 소릿발에 여의타.

3
해뜰참 드나들던 높바람 난새로다
한 백년 지고 뻗친 서릿발 휘날리소
연정아 어허야 디야 허리달이 가련코.

가야 아리랑

오곡백과 익어가는 김해 들녘 따라서
신어산 향기 따라
옛사랑도 흐르네
상사화 이슬 머금고 꽃처럼 피었도다

한 세상 꿈마저도 금관소리 울리니
임 되소서 꽃잎 전에
스미는 그리움아
가야의 아리랑 되어 가슴에 맺히도다.

마타리꽃 연정
　　-김해 봉황대에서

가야금 소리 되어
비바람 감아 돌고

봉황대 어룽이는
지난 연 사랑이여

꽃술에
바람을 얹어
큰 나래 펼치련다

가슴에 피어난 꽃
그대라는 그 이름

들꽃 되어 빈숲을
조용히 밝혀내고

마타리
송이 송이에
사랑으로 맺는다.

황세와 여의(二聯 時調)

저녁 빛 붉게 물든 황세는 강변 스쳐
바람결 노래 실어 여의 품을 감싸네
은회색 달 자락 아래
조용히 숨 쉬나니

물결은 말을 건네 천년 사연 속삭여
그리움 닿은 날개 황세 인사 건네니
여의는 그 말없이도
잔잔한 미소 짓네.

닻별로 그리는 시가 영화를 만날 때
－김해 시민 영화제에서

1
마음이 간질한 날 고요히 영화 보네
화창한 그 말들이 장면마다 반짝여
말그레 큰 그 소리에 내 감정도 울렸다.

2
배우 눈빛 속에서 보석빛 감정 보네
서먹한 마음 넘어 살포시 다가서니
은근히 슬픈 내 시심 그 속에서 피어난다.

3
짧은 말 긴 대사도 마음속에 스민다
흘렀던 지난 시간 눈물과 분노 품고
먼 닻별 하나 떠오른다, 내 마음 환히 채워.

김해 백두산

산해정 기상 받아 백두산 하늘 닮아
태산 같은 글소리 사방에 흘러가니
찬연한 남명의 정신 더욱 더 빛나구나

학문의 의로움은 선비의 외침 되고
진주같이 이어지는 그 뜻은 끝없으며
불의에 책과 칼로써 강직함 우뚝하네

김해 땅 의로움이 백두산 곧은 마음
남명 길을 따르니 바람에도 굳건하네
역사의 그 길 위에서 경의 정신 이어가리.

구지봉 세레나데

1
전설 따라 고갯짓해 하늘 높이 우르니
묻혀 있던 숨결에서 슬픔이 피어나네
깊음의 세월 바라보며 오늘을 건져 올려.

2
지난 흙결 뒤적이니 본심 같은 꽃 하나
짓눌렸던 무게 속에 가지런히 피었구나
줄기 끝 스민 눈물을 조용히 품에 안다.

3
세찬 바람 비껴가도 외눈의 꿈은 짙어
민중 숨결 엮인 말들 봉우리 되어 피네
설렘 속 터진 소리는 구지봉이 노래다.

구지 구지가

구지산에 거북이 한 마리 살아가네
오랜 전설 등껍질 꽃 되어 피어났다
춤추자
동그랗게 돌아
하늘 보며 손잡고

밤하늘 김해촌에 물결 빛 반사되고
신명 푸는 사람들 어깨춤 사랑하라
어헤야
디희야 둥실둥실
도시에도 거북이

달려가자 한번 보자 만나 보자 어헤야
구지산아 구지산아 문 열어라 구지산아
내 마음
찾아 나서네
용궁 가자 친구야.

화포천 철새

물빛을 채굴하여 하루를 사는 허공
날개가 하는 일에 변명을 할 순 없지
물속에
새긴 생명들
노을 맞아 피는 꽃

날것의 화포천이 몸 부벼 흘린 세월
부리로 물어 날라 그리움 날개 펼 때
하늘을
두드리면서
그려내는 소소함

때때로 빠져가는 깃털에 눈물 나고
어깨의 통증 소리 무섭게 다가오니
산다는
말 한마디로
살아가는 철새 떼.

활천동 도심 속 오솔길 시화전
-김해 삼정동 삼성초등 ~ 삼정 중 사잇길

신어산 턱 밑자락 도심 속 오솔길
고요히 잇는 길 참새들 날갯짓
밤마다 시화 위 별빛 물드는 정겨움

꽃물 든 글도 있고 붉은 점 점점 번져
글귀 하나 꿈 따라 행인들을 이끄네
숨 가쁨 설레는 글귀 시심 피운 한 가락.

왕비 용녀의 눈물
-용녀 우물 길었던 봉황동 우물터

물살 따라 유유히 은은하던 향기여
사랑꽃 봉황터에 피워 물며 깃들고
운명에 맺은 왕후여 그 자리 끝없어라

한순간 불 밝힌 진홍 꽃등 그 자리에
저 세상 끝자락에 곱게 앉아 있을까
왕비여 이슥히 스민 용녀의 눈물이여

먼 길 따라 쌓여간 역사의 표지마다
사군자 그 기품 속 문장의 꿈 걸고
마타리 무언 꽃잎만 고요함 지키누나.

구지 구지가 2

전설을 품은 윤슬 금관에 가야 짓고
수로정(水路亭) 김해 골짝 황금들 답 풀었네
달빛은 산등에 내려 별 데려와 춤추고

수로왕 천신전에 청배로 높이 올린
하늘 곳 축원 공수 광무제(光舞祭) 천지개벽
춤가락 구지 구지가 옥음 풀이 면면히

숭숭한 살갗 터진 한 계절 짓무른데
구지봉 손 없는 날 기다린 반야용선
더 깊이 쉿, 비밀 한잔 붉음 타는 분산성.

일출, 그 행복의 시작
－김해 연지공원에서

1.
동살 비친 나뭇결에 기쁨이 부서지고
새싹처럼 돋는 발길 아침을 또 맞이해
꿈같은 하루 속으로 희망 하나 심었네.

2.
향기 어린 봄 꽃길 가족과 거닐다가
분수처럼 피어난 설레는 마음속에
경전철 김해 대공원 역동의 빛 유쾌한.

3.
자연 품은 연지공원 바람 구름 속삭여
주는 것도 받는 것도 스치는 인연이라
튤립과 벚꽃 잔치는 만남을 노래하네.

허공의 철새
—김해 화포천에서

솟아나는 청보리 싹 오동통히 자라고
늬엇늬엇 해그름엔
                 물들며 익어가네
풍요한 그 씨앗들은 들녘 품에 안겼다

신선하고 팽팽하게 긴장 속에 살아나니
새롭게 핀 한 조각,
                 예술이요 생명이라
거듭난 그 울림에는 맘마저 들썩이네.

김해 사충신

1.
성벽 위에 붉은 해는
충신 넷의 넋을 품고
칼날 앞에 물러섬 없는 기개 밝혔도다
나라를 지킨 철의 맹세
들판 위에 퍼지도다.

2.
허수아비 꾀 따위에
김해성은 흔들림 없고
피로 지킨 사흘 밤은 희망 되어 살아나니
송빈과, 득기, 대형, 류식
오늘 그 뜻 빛나도다.

3.
사충단에 잠든 넋아
봄날 향례 이어지면
그 충절을 새긴 맘이 후손 속에 흐르리라
"그대는 충을 지킬 자냐?"
붉은 놀에 묻도다.

홍의장군 곽재우

붉은 옷 걸친 장군 산과 물도 물들고
강물 밑 울음소리 칼끝 따라 흐르니
적의 피 밟으면서도 눈빛은 미동 없네

낚시 접고 칼 들며 정암진 물 멈추고
장군 이름 읊조려 강호 바람 스미어
화왕산 돌무더기는 숨죽인 채 듣도다

하늘 내린 그 기개 무지개 되어 솟고
별처럼 빛날 뜻은 영원히 꺼지잖아
곽장군 붉은 심장이여! 역사의 깃발이여.

제 4 부

음률

시조의
노래 가사
기쁨 짓는
하늬바람 냇가.

난이 넌이

사랑 한번 속삭이고 잊지 말라 했건만
버린 이는 내가 되고 잃은 이는 너라네
동백 숲 설운 동박새 가지 잃고 우는 구나

사랑이라 사슬로 생을 묶어 두었건만
핏덩이만 남긴 채로 불길만 타오르니
그 이름 젖어든 마음 밤새도록 타오르네.

탱자

가시 품은 그 마음 사랑조차 닿지 못해
미움 삼킨 세월에 눈물조차 감추었네
왜 그런 아픈 맘이고도 달래질 못하구나

햇살 좋은 봄날엔 꽃잎조차 눈부시고
송곳 같은 아름다움 탱자처럼 피었구나
사랑 핀 가슴속 순정에 머무르는 일편단심.

뭉클

부르면 더 보고픈 그대는 내 사랑아
기쁜 날 함께 못해 애달픈 그리움뿐
세상에
없는 포근함이
가슴에 물들었네

노을에 스민 미소 내 맘도 저려오고
달빛 되어 밤길에 나를 지켜 주거늘
허공에
닿는 외사랑
메아리로 남았도다.

탁사발

배짱으로 살다 보니 때가 되면 길이 나네
기회라는 그 시절은 누구에나 온다네
탁사발
잔 높이 들어
대차게 살아보세
(탁탁탁)

기쁨 또한 슬픔마저 한 잔 술에 풀고 나면
세상살이 다 거기서 거기더란 말이지
탁사발
짠짠짠 건배
힘차게 웃어보세.
(탁탁탁)

달을 품은 연정

까만 밤이 울다가 달 녹아 내리누나
눈물 따라 흐르며 춤추듯 흘러가고
바람이 들면 얼지만 햇살이면 사라져라

그리움 긴 시간에 눈물마저 스며들어
녹아든 그 마음을 살며시 품어보니
달품은 내 가슴에는 고요한 사랑 있다.

꼬바리 사랑

까맣게 탄 그리움 구름 되어 흩어지고
뜨겁게 널 태우던 숨결은 기도였다
순수한 그 마음만은 하늘에 머문다네

입맞춤에 담겼던 이별의 슬픈 진실
돌아설 수 없었던 내 사랑의 흔적이니
숯 사랑 잿빛이 되어 바람결에 날리네

한순간에 불타고 간 그대인 줄 알면서
가을처럼 붉게 타 내 가슴만 태웠지만
그리움 후회 없도록 허공에 실어 보네.

가수 김승진

찬바람 이는 저녁 스잔 부른 소리는
순수한 마음으로 들었던 별빛 고움
이별은 노래가 되어 달빛 속에 머무네

세월이 흘러와도 무대 위에 서시면
가슴 속 깊은 추억 맑음의 노래되어
청춘의 그 숨결들이 다시 빛을 올리네

당신의 푸른 시절 우리의 젊은 날아
기억 저 먼 곳에서 춤추듯 되살아나
노래 속 살아있는 추억 영원한 우리 사랑.

눈물, 그 사랑

눈 감으면 스치는 날 잊고 싶은 그 시절
웃음 하나 힘이 되어 견디는 삶이라서
깊은 정 주지 못한 가슴 눈물로 채운다

사랑인 줄 알았건만 혼자의 꿈이었네
불러본 그대 이름 창가에 내려 쓰고
속삭임 타버린 뒤에 상실만이 남았네

그리움에 타는 밤은 애잔함을 품고서
돌아오지 않을 맘을 오늘도 기다리며
마지막 나의 그 사랑 향기로 남으리라.

가야정원

울타리 너머에 바람 소리 스며들고
하늘과 바다 사이 달맞이꽃 피어난다
순천만
이 넓은 품에
가야 노래 흐른다

흙과 땀이 길러낸 생명의 정원 터에
꽃과 바람 물소리 하나 되어 속삭인다
쉼 얻은
이 마음 안은
자연 속에 스민다.

*순천만 가야정원 - 전남 순천시 해룡면 노월길 82-42

서상천, 시화실詩畵室
－서상천 시인의 화실 풍경을 보고

햇살 드는 조용한 창작은 화실에서
붓 끝으로 시 흐르고 마음 빛 그리네
고요한 색 오가는 곳 사람으로 행복해라

장미 향기 물든 벽 풍금 소리 맴돌고
감나무길 바람 따라 삶의 결 익으니
시낭송 낮은 숨결에 깊은 울림 머금는다

그림 옆에 말이 쉬고 시 한 편 또 태어난다
대자연의 품에 안겨 기쁨 또한 짙어지고
오늘도 이 작은 방엔 천국 꿈이 피어난다.

탱자 2

칼바람 품고도 가시로 나를 지켜
젖은 말 삼킨 상처 눈물 되어 흐르다
한 사랑 가슴 품은 채,
왜 나는 아픈가요

햇살은 슬핏 와서 문득 내 맘 어루대고
꽃잎 되어 피고픈데 나비조차 멀어지네
가시가 없는 삶이라면,
그리도 허무할까.

박덕은 미술관

강천산 자락에 피어난 예술의 꽃
심상 꿈 천 가지 빛으로 반짝이고
순창 땅 아로새김에 예술의 발자취

조각과 회화 속에 시의 감각 흐르니
창작의 숨결 따라 문학이 동무하네
이 작품 하나하나는 마음의 문 두드린다

누구나 찾아와서 영혼 쉬어 가는 곳
재능과 이야기가 꽃으로 피어나니
새로운 문화 명소여! 박덕은 미술관.

사랑의 날개, 그 희망

보이지 않는 벽 서로를 바라보며
느릿한 걸음마저 다정히 감싸주니
마음의 길 하나 되어 세상을 밝히네

어눌한 말 속에서 믿음을 전해주고
작은 떨림 잡은 손에 용기를 건넨다
서로의 날개 되어주니 편견을 날리네

장애를 사랑으로 따스하게 감싸니
우리 마음 합쳐서 아름다움 되었다
두둥실 함께하는 삶 사랑을 노래하네.

해선이와 섬섬이

수평선 끝 다다라 해선이 솟아오니
섬섬이 섬 품에서 손 내밀어 맞이한다
"오늘은 황금빛 결과 푸른 바람 가져왔네"

따스한 햇살 한 줌 섬섬이 품에 안겨
초록의 나무들이 고운 꽃과 노래하고
잔물결 파도 따라서 바다는 춤을 춘다

닿을 듯 늘 머나먼 해선과 섬섬이여
해는 지고 달이 떠도 마음은 나란하다
끝없는 바다 위에서 서로를 비추도다.

겨울의 속삭임

차가운 바람 스쳐 두 볼이 얼얼하고
눈꽃 핀 가지 끝에 고요함 내려앉네
은빛은 달빛 긴 밤 속에 꿈결 세상 잠든다

차디찬 공기 속에 온기는 서로 나누고
하얀 기억 쌓여 가니 마음 속 깊이 스며
겨울날 사랑 품은 채 봄 조용히 기다린다.

들꽃

어쩌다 밟고 가니 가루비 흩날리네
포슬히 솟아올라 바람결에 패이니
가을 골 깊어져서는 줄줄이 시들었네

파스텔 빛 몽환이 이 순간을 채우고
돌연히 선 풍경은 램프처럼 빛나네
서서히 가라앉는 파문 마음을 적시네

외로움도 아름답다 이름을 새기니
거룩하나 거창치 않음이 오히려 참
'날 꽃'되 불리우더니 화르륵 피어있네.

도화挑花야

봄바람 속삭임에 진홍빛 물결 번져
햇살 머문 꽃나무에 향기가 스미니
꽃잎엔 그리움만이 조용히 흔들리네

지난날의 추억들 복숭아 빛 물들어
가벼워진 내 마음 봄날이 감싸 안고
새 시작 다시 알리듯 꽃으로 피어난다.

왕릉길 시화 산책

숲길 따라 천천히 시간 빗는 실바람
역사의 숨결을 부드럽게 감싸 안고
꽃 둘레 조신 밟으며 떠올리는 옛 왕들

한 폭의 그림 같은 소나무 그늘 아래
지난날의 이야기 초록 잎에 맺힌 햇살
고요한 이 길 위 나도 오래된 꿈을 꾼다

시홧길 산책로 작은 왕릉 하나 세워
평화로운 이 계절 시 꽃을 피우도록
빛의 숨 별빛 아래 깃든 삶의 희망 고른다.

설화雪花의 말

수천만 리 걸어온 길 시련은 꽃 되어
해맑은 치유의 말 눈처럼 내려오고
차가움 속정이 피고 봄꿈을 기다리네

눈인사 없이 간 것 눈바람에 씻기고
사랑의 빛 스며들어 반성도 풀리다
알아도 모른 체하며 인연을 맞이하네

하얀 마음 문패 달고 새 생명 불러오니
사랑만큼 자라나는 언어 꽃 몽우리들
거세한 바람 속에서도 눈꽃 향기 피누나.

도토리야
-도토리 인생

산기슭 야생으로 굴러가는 작은 삶
손끝으로 지문 지워 도토리 붙이고서
다람쥐 바쁜 현실에 하루 또 구른다네

웃음 속에 눈물도 돌도르르 도토리야
가슴 안에 약속 없이 사랑만 쌓여간다
내일은 동글동글하게 둥근 마음 꿈꿔보세.

• 서평 •

박선해 시인의 시조집 출간을 축하하며...

한실문예창작(12개 문학회) 지도 교수 박 덕 은
(전북대학교 문학박사, 시인, 문학평론가, 전)전남대학교 교수, 대한시문학협회 회장, 박덕은 미술관 관장, 화가, 광주시민단체(523개)총 연합회 대표회장, 노벨재단 이사장, 중앙일보, 전남일보(광주일보), 새한 일보, 문화앤피플 신문 신춘문예 당선, 동화작가)

　창원 문성대 문헌정보학과, 김해 가야대 사회복지학과를 졸업한 뒤, 시낭송지도사 1급, 문학심리상담사 1급, 시낭송가 인증서, 시낭송테라피스트, 동화구연지도사, 아동문학가가 되었으며, 현재 도서출판 신정 대표, 신정문학&문인협회 발행인 회장으로 그 외 문학계의 많은 중추적인 활약을 하고 있다.

　문학상으로는 강원경제신문 누리달 공모전 대상, 모산문학상 전체 대상, 하운문학상 시 부문 최우수상, 산해정인성문화진흥회 문학 부문 전체 대상, 시사불교신춘문예 동시 부문 최우수상, 김해일보 신춘문예 전체 대상, 산해정문학상 동시 부문 최우수상, 안정복 문학상 동상, 남명문학상 수필 부문 우수상, 박덕은 미술관 백일장 장려상(시 부문) 작품상(디카시 부문), 산해정시낭송콘서트대회 대상 등을 수상했다.

자, 그러면 지금부터 박선해 시조시인의 시조 세계를 탐구해 보기로 하자.

    남은 줄 붉게 긋고 숨죽인 날들 세니
    지난해 들춰보아 구겨진 밤뿐이네
    버린 꿈 고이 접어선 다시 벽에 붙인다

    날마다 찢겨 나가 울고 있는 달력아
    말 없는 너의 몸엔 사연만 덕지덕지
    잊었던 나의 다짐도 거기 함께 울더라.
                   - [달력의 아우성] 전문

이 시조에서의 시적 화자는 달력을 바라보며 상념에 잠겨 있다. 달력은 숫자와 요일이 만나 12채의 집을 짓고 산다. 그 집에는 30여 개의 방이 있어 사람들은 그 방에서 하루를 보낸다. 다음날이 되면 다음 방으로 넘어가 그 방에서 또 시간을 보내야 한다. 때로는 과장된 몸짓으로 방을 서성거리기도 하고 때로는 꿈을 향해 안간힘을 쓰기도 한다. 시적 화자는 그 안간힘을 "남은 줄 붉게 긋고 숨죽인 날들 세니/ 지난해 들춰보아 구겨진 밤뿐이"라고 말하고 있다. 안타까움이 느껴진다. 어떤 무지갯빛 이름을 완성하기 위해 걷고 달리며 달빛을 건넜을 텐데, 문득 돌아보니 구겨진 밤뿐이라니, 얼마나 허탈했을까. 자포자기하고 돌아설 법도 한데, 화자는 다시 "버린 꿈 고이 접어선 다시 벽에 붙인"다. 혀끝에 맴도는 쓴맛을 밀어내며 내일이라는, 희망이라는, 꿈이라는 시간의 방향으로 나아간다. 여기서 '그럼에도 불구하고'라는 말의 의미가 와 닿는다. 숨죽인 날이 많았지만 그럼에도 불구하고, 구겨진 밤뿐이었지만 그럼에도 불구하고, 희망이 보장되지 않지만 그럼에도 불구하고, 화자는 다시 일어서고 있다. 어찌 보면 우리는 '그럼에도 불구하고'의 정신으로 세상을 살아가야 한다. 버린 꿈을 다시 붙이며 살아가야 한다. 인생은 그 사람이 지닌 희망의 질량에 따라 달라지기 때문이다. 시적 화자는 날마다 찢겨 나가 울고 있는 달력을 보니, 마음이 쓸쓸하다. 계획했던 대로 일이 잘 풀리면 좋을 텐데, 세상의 일이라는 게 마음대로 되지 않는다. 그 지점에서 누구는 자포자기하고 누구는 원망하는데, 시적 화자는 어떤 다짐을 한다. '그럼에도 불구하고'의 정신으로 다시 나아간다. 그 다짐을 불끈 일어서는 긍정으로 말하지 않고 "잊었던 나의 다짐도 거기 함께 울더라"로 표현하고 있다. 감성의 세계를 잘

포착한 표현이다. 독자의 공감을 잘 이끌어내는 대목이다. 이 시조는 시적 화자와 달력이 서로 교감하고 있고, 공감대를 형성하고 있다. 달력을 의인화하고 있고, 인격적인 대화가 소통되고 있고, 거기서 깊은 감성의 교감이 이뤄지고 있다.

물안개 깃드는 새벽 포구 고요하다
고깃배 하나 둘 그물감아 나서면
갈매기
하얀 날갯짓
파도 소리 파묻힌다

소금기 실린 바람 포구를 스쳐가고
먼 수평선 여명의 빛 바다를 적신다
떠나는
뱃사람들은
엄니 눈물 닮았다.

- [포구] 전문

이 시조에서의 시적 화자는 새벽 포구를 바라보고 있다. 포구의 새벽은 짭조름하다. 해조음을 쌓고 있는 구름이 여명의 빛에 자신의 속엣말을 꺼내놓는다. 팔딱팔딱 뛰는 풍어의 꿈을 기도하는 것일까, 무탈하게 일 끝내고 돌아오라는 소망일까, 아프지 않고 일할 수 있게 해주어서 고맙다는 감사의 인사말일까, 그게 무엇인지는 모르지만 새벽 구름은 여명에 서서히 물들어간다. 어느 날, 그 여명에 서서히 눈을 뜬 새벽 포구를 화자는 바라보고 있다. "물안개 깃드는 새벽 포구 고요"해 사색의 공간으로 들어간다. 도시의 새벽은 일찍 일하러 떠나는 이들이 졸음을 떼어내며 비누거품을 묻히고 물에 젖은 새벽을 드라이기로 말리는 시간이다. 물안개가 사라진 어촌의 새벽은 "고깃배 하나 둘 그물감아" 준비를 한다. 그러자 새벽하늘에 떠 있는 "갈매기/ 하얀 날갯짓/ 파도 소리 파묻힌다" 갈매기를 통해 고요한 새벽을, 평온한 출근길을, 희망찬 하루를 그리고 있다. 어부의 소망을 바다에 대신 전달해 주는 갈매기 문장들이 끼룩끼룩 듣기 좋다. 매번 포구에서는 갈매기 문장에 어부의 꿈을 실어 멀리 날게 했을 것이다. 소금기 실린 바람이 포구를 스쳐간다. 여기서 소금기는 단순히 짠맛을 말하지 않는다. 생의 짠맛, 삶의 애환이 깃든 짠맛, 걱정과 염려가 깃든 짠맛이다. 바다에 자식을 묻은 어느 어미의 이야기를 수도 없이 들었을 어머니들은 바다로 나가는 자식의 오늘이 걱정됐을 것이다. 바다로 나가지 않으면 살 수 없는 생활이지만, 그 바다가 자신의 자식을 삼킬 수 있으니 이래저래 걱정이 될 것이다. 그런 짠맛의 바람이 포구를 스치고 먼 수평선 여명의 빛이 바다를 적신다. 이때 "떠나는/ 뱃사람들은/ 엄니 눈물" 닮았다. 이 대목에서 말 못할 어떤 애환이 담겨져 있다. 고요하면서도 사연 많은 포구의 새벽 정경이 그림처럼 선명히 그려져 있다. 이미지 구현을 통해, 뱃사람들의 삶, 정서, 애환, 마음 등을 손에 잡힐 듯 그려놓고 있다. 이처럼, 주제 노출보다는 이미지 구현을 통해, 시적 형상화를 이뤄놓을 때, 독자의 감성과 보다 친숙해질 수 있다는 것을 확인시켜 주고 있다.

스레트 지붕 아래 늙은 이름 하나가
빛의 궤적 허공 중 바람 되어 덮이네
별똥별 주인 없는 집
담벼락에 툭 툭 툭

담쟁이 초록으로 무명 노인 받치고
눈빛 감정 숨결 펴네 문고리가 닳도록
기다림 매달아 건 채
고요에 매미 운다.

- [폐가 1] 전문

이 시조에서의 시적 화자는 폐가의 정경을 시적 형상화해 놓고 있다. 아침을 먹고 한낮엔 자고 저녁을 수다 떠는 인기척이 사라지면, 집은 폐가가 된다. 말 그대로 사람들에게는 쓸모없는 집이 된다. 그 쓸모없음에 시간이 흐르자 다시 생기가 돈다. "스레트 지붕 아래 늙은 이름 하나가" 새롭게 태어난다. 절망에게도 새 생명의 탯줄이 있어, 그 탯줄을 자르고 이름 하나를 낳은 것일까. 여하튼 폐가가 새롭게 태어났으니 감사할 일이다. 여기서 탄생한 이름은 앳된 이름이 아니라 늙은 이름이다. "늙은"에는 많은 여운이 담겨 있다. 인기척이 살아 있었던 옛집의 정서가 늙은 것일 수도 있고, 옛정을 그리워하는 마음의 표현일 수도 있고, 정 깊은 인기척이 다시 오기를 바라며 어떤 관심을 새롭게 끌어들이고 싶은 소망일 수도 있다. 그러고 보니 폐가는 주섬주섬 짐을 챙기며 떠나는 옛 주인의 뒷모습을 보며 아픔을 느꼈을 것이다. 뒤도 돌아보지 않고 떠나는 걸음들을 보며 쓸쓸했을 것이다. 그 감정이 늙어, 늙은 이름이 된 것일까. 이제 폐가는 주인 없는 집이다. "별똥별 주인 없는 집 담벼락에 툭 툭 툭" 내려앉고 있다. 별똥별이 내려앉자 폐가는 다시 새롭게 태어난다. 별의 목소리를 덧칠하고 별의 발걸음을 끌어당기며, 폐가는 새 단장하고 있다. 우리도 별똥별이 내려앉은 저 폐가처럼 아픔이 휩쓸고 간 자리에서도 새롭게 눈떠야 한다. 2수에서 "담쟁이 초록으로 무명 노인 받치고" 있다. 시간이 한참 흐른 폐가는 온통 담쟁이로 뒤덮인다. 여기서 "무명 노인"이 눈길을 끈다. 1수의 "늙은 이름 하나"와 맞닿아 있다. 폐가를 인격체로 대하며 다가가는 자세가 엿보인다. "무명 노인"에서 사색의 공간을 여는 시적 화자의 의도가 빛난다. 이처럼 화자의 의도를

상징으로 에둘러 표현해야 한다. 폐가의 문고리 닳도록 기다림이 매달려 있다. 고요가 짙게 깔려 있는 폐가에 매미 울음 가득하다. 폐가가 수채화처럼 그려져, 독자의 눈길을 끌어당기고 있다. 시적 화자의 눈길로 차분히 그려 논 폐가의 모습이 적막 속에서 쓸쓸하고 맑게 누워 있다. 그곳의 분위기가 눈빛, 감정, 숨결까지 손에 잡힐 듯 여실히 그려져 있어, 감동적이다.

하얗게 센 겨울도 할머니 온기였지
하늘로 타오르며 힘들어 축 처진 팔
그림자 매서운 바람 매 맞고도 버티네

물관 속 점령한 살을 엔 온기에는
하얀 눈 속삭임이 가지 끝에 누이고
지난날 청춘의 꽃 사랑터에 어울려

명줄처럼 줄기 늘어 부러져 버렸어도
무겁다 힘겹다 시간 참고 배운 나무
옹이와 부러진 흔적 또 천년을 헤아려

피고 지는 한 해의 하늘을 바라보며
그 기억은 황혼을 일구어 가고 있어
백지 위 여백의 바람 울렁거림 흔든다.

- [노송] 전문

 이 시조에서의 시적 화자는 노송에 대해 고요의 눈길로 관찰하고 있다. 세월을 오래 버티면 어떤 깨달음에 닿는 것일까. 화자는 "하얗게 센 겨울도 할머니 온기"였다고 말한다. 추위와 눈보라를 할머니의 온기로 해석하다니, 놀랍다. 어찌 보면 눈보라도 계절의 관심인 것이고 추위도 계절의 배려인 것이다. 그런 점에서 보면, 할머니의 온기로 해석하는 게 이해가 된다. 세상의 변화를 따스한 온기로 해석하는 시적 화자의 태도가 멋지다. 삶을 대하는 자세가 긍정적이고 품이 크다. 노송이 되기까지 얼마나 힘든 일이 많았을까. "하늘로 타오르며 힘들어 축 처진 팔/ 그림자 매서운 바람 매 맞고도 버티"고 있다. 때로는 절망이 발목을 붙들어 소나무의 가지가 축 처질 때도 많았을 것이다. 비바람 맞고도 끝끝내 포기하지 않고 그 팔로 다시 일어섰을 것이다. 무릎 후들거리며 일어서는 그 힘이 노송의 품을 키웠을 것이다. 게걸스럽게 먹어치우는 태풍 앞에서도 의연함을 유지한 노송, 입맛이 돌아 침을 흘리는 비바람 속에서도 담담한 노송. 그렇게 의연하고 담담하지만 노송의 몸속을 점령한 추위는 말 그대로 추위인 것이다. 아픔이 다가올 때는 어쩔 수 없이 아픈 것이다. 그러다가 "하얀 눈 속삭임이 가지 끝에 누이"면 "지난날 청춘의 꽃은 사랑터에" 어울려 지낸다. 시적 화자에게도 청춘을 달구었던 사랑이 있었을 것이다. 그 사랑의 기억이 가지 끝에서 꽃을 피우고 있다. 하얀 눈의 속삭임에 따라 청춘의 그날과

그날의 저녁과 저녁의 불빛이 따스하게 빛났을 것이다. 눈보라처럼 아픔이 다가올수록 우리는 그 그리움을 꺼내놓고 그 그리움의 힘으로 눈보라를 이겨내야 한다. 세상의 아픔에 부러진 줄기는 힘겹게 시간 참고 있고, 부러진 흔적에는 옹이가 세월을 껴안고 있다. 피고 지는 세월의 하늘 바라보다, 기억으로 황혼을 일궈 가고 있고, 백지 위 여백의 바람은 울렁울렁 흔들리고 있다. 노송에 대한 인격적 예우와 감성이 눈길을 끈다. 아름다운 감성을 만날 수 있어, 행복하다. 다채로운 감성뿐만 아니라, 사물에 대한 깊은 이해와 포옹이 시조의 특질과 손잡고 있어, 인상적이다.

    창틈 사이 적요 속에 갈잎 소리 스며들고
    열리진 않은 마음에 가을비만 부딪히네
    그 눈빛 일어 젖어든 밤조차 잠을 잃네

    울음마저 고요하고 어둔 길을 더듬어도
    가슴 깊은 어둠 틈에 밝은 뜻은 살아나니
    꺼지는 등불 아래서 희망불 살라 보네

    빗줄기 그치지 않는 속웃음 잃지 않으리라
    무지개는 비가 와야 하늘에 피어오르고
    비 또한 무지개 꽃빛 내어 나를 안아 주네.
            - [비는 내려도 무지개꽃] 전문

이 시조에서의 시적 화자는 가을비 내리는 정경

을 그려놓고 있다. 계절 중에서 가을비만큼 사람을 센치하게 만드는 게 또 있을까. 그만큼 가을비는 사연 많은 여인처럼 가슴을 젖게 한다. 1수에서 "창틈 사이 적요 속에 갈잎 소리 스며들고" 있다. 적요 속에 갈잎 소리 스머드니 더 적적하다. 무슨 일인지 시적 화자의 마음은 그 갈잎 소리에도 가을비에도 아직 열리지 않고 있다. 어떤 아픔이 있는 걸까. 그 아픔이 무엇인지 알 수는 없으나, "그 눈빛 일어 젖어드는 밤조차 잠을 잃"고 있다. 화자는 불면의 밤을 건너고 있다. 위태롭고 아슬아슬하게 어둠과 적막을 건너고 있다. 심장을 찌르는 상처의 칼끝은 가깝고 뜨거워 잠을 잘 수가 없다. 그저 적막을 견뎌야만 한다. 아픔을 토로하는 1수와는 달리, 2수에서는 희망으로 가는 걸음이 보인다. 가을비의 마법 같은 스며듦 때문일까, 주룩 주루룩 화자의 마음을 노크하는 가을비의 선명한 목소리 때문일까, 어찌 됐든 가을비의 촉촉한 말투 때문에 시적 화자에게 심경의 변화가 생긴다. "울음마저 고요하고 어둔 길을 더듬어도/ 가슴 깊은 어둠 틈에 밝은 뜻은 살아"나고 있다. 꺼진 등불 아래서도 희망불이 살아나고 있다. 3수에서는 시적 화자의 깨달음을 그리고 있다. 빗줄기 그치지 않아도 속웃음 잃지 않는 시적 화자가 대견스럽다. "무지개는 비가 와야 하늘에 피어오"른다며 아픔을 뚫고 일어서는 희망을 에둘러 표현하고 있다. 항상 긍정을 향하는 시적 화자의 태도가 엿보이는 대목이다. 아픔과 같은 비가 갠 후 무지개가 피어오르고, 그 무지개 꽃빛은 시적 화자를 안아 준다. 시상의 흐름이 자연스럽고, 끝까지 이미지 구현으로 시조의 완성도를 높이고 있다. 시조의 율격 위에 빚어진 이미지 구현과 감성의 섬세함이 어우러져 시조의 맛을 한껏 살려내고 있다.

>
> 불탄 숲 재위에 잿빛 나무 서 있고
> 타다 남긴 냄새는 혀끝에 스며들어
> 검은 땅 한 알 속에는 금빛 맥이 꿈틀대네
>
> 알 속에는 열기로 숨결 번져 퍼지고
> 피 묻은 깃 펼치니 불씨 하늘 갈라진다
> 봉황은 살결 태운 재 날개 삼고 허공 뜬다
>
> 죽음은 말이 없고 붉은 심장 담아 안아
> 더 높이 솟아올라 불길 따라 나아간다
> 불꽃 속 울음 삼키며 다시 날아오른다.
> - [봉황의 꿈-김해 봉황동을 읊다] 전문

이 시조에서의 시적 화자는 김해 봉황동을 읊고 있다. 김해 사람들은 봉황대공원을 봉황대라고 부른다. 봉황대는 김해의 중심지 봉황동에 위치한 유적지이다. 김해는 가야 유적지로 유명하다. 봉황대는 그런 가야의 흔적들이 남아 있는 곳이다. 실제 가야시대의 왕릉급 고분군이 자리하고 있고, 고상

가옥과 망루 등을 복원하여 금관가야 시대의 생활 모습을 느낄 수 있도록 재현한 곳이다. 잊혀진 가야의 꿈을, 봉황의 꿈을 시적 화자는 노래하고 있다. 1수에서는 그 꿈이 꿈틀거리고 있다. "불탄 숲 재위에 잿빛 나무 서 있고/ 타다 남긴 냄새는 혀끝에 스며들어" 있다. 가야의 영광은 가고 없지만 그 영광을 기억하는 가야의 후손들이 있어 "검은 땅 한 알 속에 금빛 맥이 꿈틀대"고 있는 것이다. 알 속에서 깨어난 김수로왕은 김해 김씨의 시조로 가야국을 세웠다. <삼국유사>에 따르면 하늘에서 6개의 황금알이 내려왔는데, 그 알에서 제일 먼저 사람으로 변한 것이 김수로왕이었다고 한다. <삼국유사>에서 언급한 그 먼먼 옛날의 알 속에서 금빛 맥이 다시 꿈틀대고 있는 것이다. 어떤 기운이 들어서고 있다. 2수에서는 알 속에서 깨어난 봉황이 하늘로 날아오른다. "알 속에는 열기로 숨결 번져 퍼지고/ 피 묻은 깃 펼치니 불씨 하늘 갈라"지고 있다. 하늘을 이쪽과 저쪽으로 가를 만큼 봉황의 깨어남은 엄청난 일인 것이다. 3수에서는 봉황의 꿈이 내일을 향해 나아가고 있다. 봉황의 붉은 심장은 더 높이 솟아올라 불길 따라 나아간다. 불꽃 속에서 울음 삼키며 펄럭펄럭 날아오른다. 지금은 가고 없는 가야의 꿈이, 빈자리로 남아 있는 김수로왕의 꿈이, 봉황의 꿈이 여실히 그려져 있어, 마치 영화를 보는 듯하다. 실감나게 이미지 구현을 통해, 봉황동과 봉황의 꿈을 시적 형상화하는 데 성공하고 있다. 시조 속에 활기와 생기가 가득하여, 그 어떠한 열정과 꿈도 현실화될 것 같은 느낌이 든다.

> 덕천강 물소리를 지리산 품속에서
> 관직을 마다하고 깊은 뜻 지켰도다
> 의義 와 경敬 후학들에게 전하였던 정의감
>
> 한가을 비 내릴 제 단심으로 서 있었네
> 천왕봉 우러르며 맑은 달빛 마음 같아
> 그 이름 남명이시여 영원토록 빛나소서.
> - [남명 조식] 전문

이 시조에서의 시적 화자는 남명 조식 선생을 예찬하고 있다. 남명 조식(1501~1572)은 경상우도를 대표하는 학자다. 퇴계 이황은 경상좌도를 대표해, 좌퇴계 우남명으로 불리었다. 남명 선생이 추구하는 경의사상敬義思想은 경敬으로써 내면을 밝게 하고, 의義로써 밖을 반듯하게 한다는 뜻이다. 그러기 위해 남명 선생은 늘 몸에 경의검敬義劍이라는 칼과 성성자惺惺子라는 방울을 차고 다녔다. 경의검은 현실을 외면하지 않고 불의를 칼로 자르듯 정의를 실천하려는 다짐이었고, 성성자라는 쇠방울은 소리가 울릴 때마다 나태해지거나 교만해지는 자신을 깨우치게 하겠다는 뜻을 담고 있다. 만 17세(1518

년) 때 선생은 서울 창의동으로 이주했다. 그곳에서 자신을 성찰하는 수양 방법으로 경의검과 성성자를 마련했다. 남명은 사람들이 살아가는 일상이 학문 연구와 실천의 장소라고 여기며 일상에서의 실천을 먼저 강조했다. 이것에 충분히 익숙해진 이후에 형이상학적 원리를 탐구해야 한다고 강조했다. 그런 그의 가르침 덕분에 임진왜란 당시 곽재우를 비롯한 정인홍, 김면 등 50여 명의 의병장이 나왔다. 경남 산청군 시천면에 있는 산천재는 남명 조식의 학문 연구와 인재 양성 흔적을 볼 수 있는 곳이다. 남명 선생이 노년에 살았던 그곳은 지리산 천왕봉 아래 덕천강 근처에 있다. 1수에서는 그 산천재에서의 남명 조식 선생을 예찬하고 있다. 매일매일 경敬과 의義의 도로 안과 밖을 반듯하고 밝게 하라는 가르침이 들리는 듯하다. 남명 선생은 일상에서의 실천을 강조하며, 현실에서 쓸 수 없는 학문은 버려야 한다며 퇴계 이황에게 일침을 놓기도 했다. 13대 임금 명종과 14대 임금 선조의 끝없는 부름에도 관직을 마다하고 깊은 뜻을 지킨 선비, 남명 조식 선생. 경의사상을 후학들에게 가르치고 전한 선비. 그 모습이 마치 천왕봉 우러르는 맑은 달빛 마음 같다. 그 마음이 한가을 비 내리는 날 단심으로 서 있다. 후세에 이르러, 아직도 그 이름 영원한 분, 남명 조식 선생! 처음부터 끝까지 남명 조식 선생에 대한 존경심이 찬탄 속에 넘실거리고 있다. 부디 그 이름이 현세뿐만 아니라, 후세까지 영원토록 빛나기를 소망한다.

> 물빛을 채굴하여 하루를 사는 허공
> 날개가 하는 일에 변명을 할 순 없지
> 물속에
> 새긴 생명들
> 노을 맞아 피는 꽃
>
> 날것의 화포천이 몸 부벼 흘린 세월
> 부리로 물어 날라 그리움 날개 펼 때
> 하늘을
> 두드리면서
> 그려내는 소소함
>
> 때때로 빠져가는 깃털에 눈물 나고
> 어깨의 통증 소리 무섭게 다가오니
> 산다는
> 말 한마디로
> 살아가는 철새 떼.
> - [화포천 철새] 전문

이 시조에서의 시적 화자는 화포천 철새를 관찰하고 있다. 화포천은 경남 김해에 있다. 그 화포천에서 철새를 만난다. 시조의 시작부터 감탄을 자아내게 한다. "물빛을 채굴하여 하루를 사는 허공"에서 철새는 난다. 허공이 "물빛을 채굴"하다니, 새로운 해석이다. 이렇듯 새로운 해석이 있어야 독자의 눈길을 끈다. 철새는 그 허공을 나는데, 화자는 "날개가 하는 일에 변명을 할 순 없"다고 한다. 당연한 새의 날갯짓에 질문을 하고 어떤 의미를 부여하는 화자의 태도가 눈에 띈다. 시인은 늘 다양한 관점에서 바라보며 질문하고 사색해야 한다. 그 지점에서 좋은 글은 태어난다. 시인의 내일이 기대가 된다. "물속에/ 새긴 생명들/ 노을 맞아 피는 꽃"에서 시간적 배경을 알 수 있다. 물속의 생명체들을 노을 맞아 피는 꽃으로 해석하며 한 폭의 수채화로 그려내고 있다. 2수에서 철새들은 그리움의 날개를 펴고 부리로 세월을 물어 나른다. 그 세월은 "날것의 화포천이 몸 부벼 흘린" 것이다. 멋지다. 세월은 자연 그대로의 날것의 화포천이 몸을 부벼 흘린 것이다. 어디서 이런 착상이 나왔을까, 대단하다. 철새가 날개를 펴는 그때가 "하늘을/ 두드리면서/ 그려내는 소소함"이란다. 구상과 추상을 넘나들며 의미를 부여하는 시상의 전개 방식이 멋스럽다. 철새는 때때로 빠져가는 깃털에 눈물 나고, 어깨의 통증 소리에 아프고 지친다. 그러고 보면 우리 인간들도 저 철새 떼처럼 "산다는 말 한마디로/ 살아가는"것이다. 어느덧 그 철새들과 감정을 공유하고, 공감대를 형성하면서, 인생의 의미를 되새기고 있다. 산다는 말 한마디로 살아가는 삶, 이 삶 속에서 마음을 추

스리며 삶의 의미를 다잡고 있다. 철새를 통해, 인생의 의미를 일깨우고, 이를 다시 긍정의 삶으로 승화시키려는 의지가 엿보여 눈물겹다. 이미지 구현과 새로운 해석을 통해 시조의 품격을 한층 승화시켜 놓고 있다.

 시조의 특질은 정형 율격 속에 인생사를 다각적인 해석으로 펼쳐 놓아야 한다. 초장 중장 종장이 일정한 리듬 위에 자리 잡아, 시조의 품격을 유지시켜 주어야 한다. 초장에서는 시간적 배경과 공간적 배경을, 중장에서는 세상사의 치열한 현실을, 그리고 종장에서는 자신만의 세계관과 반전을 배치해 놓아, 시조의 전통과 품위를 지켜내야 한다. 나아가 삶의 방향과 깃발을 제시해 주는 시조의 의미를 만날 수 있게 해준다면, 독자는 행복하다. 이를 위해, 주제 노출보다는 이미지 구현으로 시적 형상화를 해놓고, 여기에 새로운 해석, 즉 낯설게 하기를 보태어, 보다 완성도 높은 시조로 승화시켜 놓는다면, 독자의 마음을 더욱 사로잡게 될 것이다. 박선해 시조들은 이러한 특질들을 고루 구비하고 있어, 눈길을 끈다. 시조의 아름다움, 시조의 감칠맛, 시조의 향기가 함께하는 시조라서 더욱 감동적이다.

 앞으로, 제3, 제4시조집을 발간하여, 보다 완성도

높고, 감동의 전율을 이끄는 시조들을 독자들에게 선보여 주기를 바란다. 꾸준한 시조 창작을 하여, 여생 내내 보다 빛나는 작품들을 세상에 내놓기를 소망한다.

- 장마와 땡볕이 사그라지고
선선한 가을바람이 불어오는 날에

• 맺음 시조 •

열정들

만남마다 애틋함이 흐르는 이 세상
따스한 손 한 번 잡지 못한 나날들
그 이름 별빛 등 삼던 소망이 애달프네

슬픔의 이유 묻는 이들은 어디 있나
비 맞은 사람 가슴 우산이 되어주는
가로등 불빛 눈물로 사랑 삭인 작은 꿈

이해 못할 마음은 괴로움 풀어야 할
용서하지 못함도 언젠가는 잊히겠지
함께한 나무 그늘 아래 그리움 퍼낸다

서로의 주고받음 고마움이 흐르네
물레 돌듯 무심한 아픔도 위로거늘
불꽃은 마음만 남아 옛 생각 부르리라

당신의 사랑에 파도치는 삶이라도
외면하는 망각에 서러운 향기 남겨
알아준 위로의 마음 사랑이라 하리라

현실의 갈래 길에 오늘을 맡겨두고
바람이 스치는 곳마다 염원 심어
행복한 물의 결 따라 서서히 마음 쉼

다정히 걷던 바다 우리에겐 흔적들
까만 밤 출렁임은 스며드는 추억들
그 곳서 큰 꿈 키우고 이룰 불빛 반긴다

도시의 일상은 활기찬 인생 무대
즐거운 삶 온기로이 찾아가는 피날레
하나의 문장 완성하는 무지갯빛 팡파레

함께한
감사함과
그리운 일들
기도드립니다.

박선해 제2시조집

바람을 물고

초판1쇄 발행 2025년 9월 10일

지은이 박선해
펴낸이 이길안
펴낸곳 세종출판사

주소 부산광역시 중구 흑교로 71번길 12
전화 051－463－5898, 253－2213~5
팩스 051－248－4880
전자우편 sjpl5898@daum.net
출판등록 제02-01-96

ISBN 979-11-5979-808-5 03810

정가 13,000원

*이 출판물은 한국예술복지재단의 지원금을 받아 출판하였습니다.

* 작가의 의도에 따라 작품의 보조동사와 합성(=합성명사)어는 띄어쓰기나 방언에 따라
  표현이(향토어 은어 속어 지역어 기타 등) 달라질 수가 있습니다.
* 이 책은 저작권법에 따라 보호받는 저작물이므로 무단전재와 무단복제를 금지하며,
  이 책 내용의 전부 또는 일부 내용을 재사용하려면 사전에 저작권자와 세종출판사의
  동의를 받아야 합니다.
* 잘못된 책은 교환해 드립니다.